school - məktəp	2
travel - səyəxət	5
transport - transport	8
city - şəhər	10
landscape - tirə-yün	14
restaurant - restoran	17
supermarket - supermarket	20
drinks - eçemləklər	22
food - azıq	23
farm - çeftlek	27
house - yort	31
living room - qunaq bülməse	33
kitchen - aş bülməse	35
bathroom - yuınu bülməse	38
child's room - bala bülməse	42
clothing - kiyem	44
office - ofis	49
economy - iqtisad	51
occupations - hönərlər	53
tools - ələtlər	56
musical instruments - muzıka alətlərе	57
zoo - xaywan baqçası	59
sports - sport törlərе	62
activities - itkenləklər	63
family - ğailə	67
body - tən	68
hospital - xastaxanə	72
emergency - kiçektergesez xəl	76
Earth - Cir	77
clock - səğət	79
week - atna	80
year - yıl	81
shapes - şəkеllər	83
colours - töslər	84
opposites - qapma-qarşılıqlar	85
numbers - sannar	88
languages - tellər	90
who / what / how - kem / nərsə / niçek	91
where - qayda	92

Impressum
Verlag: BABADADA GmbH, Nedderfeld 112 , 22529 Hamburg
Geschäftsführer / Verlagsleitung: Harald Hof
Druck: Books on Demand GmbH, In de Tarpen 42, 22848 Norderstedt

Imprint
Publisher: BABADADA GmbH, Nedderfeld 112 , 22529 Hamburg, Germany
Managing Director / Publishing direction: Harald Hof
Print: Books on Demand GmbH, In de Tarpen 42, 22848 Norderstedt

school
məktəp

- divide / bülü
- board / taqta
- classroom / sıynıf bülməsе
- school yard / məktəp ixatası
- teacher / uqıtuçı
- paper / kəğəz
- write / yazarğa
- pen / qələm
- desk / östəl
- ruler / sızğıç
- book / kitap
- pupil / uquçı

satchel
buqça

pencil case
qələmdan

pencil
qırandaş

pencil sharpener
qələm oçlağıç

rubber
betergeç

drawing pad
rəsem dəftərе

drawing
rəsem

paintbrush
pumala

paint box
buyawlar tartması

scissors
qayçı

glue
cilem

exercise book
dəftər

homework
öy eşe

number
san

add
quşu

subtract
alu

multiply
tapqırlaw

calculate
isəpləw

letter
xəref

alphabet
əlifba

word
süz

school - məktəp

text	read	chalk
tekst	uqırğa	aqbur

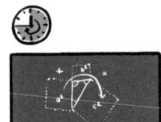  

lesson	register	exam
dəres	sıynıf jurnalı	imtixan

certificate	school uniform	education
sertifikat	məktəp forması	məğərif

encyclopedia	university	microscope
ensiklopediyə	universitə	mikroskop

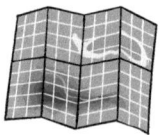 

map	waste-paper basket
xarita	çüp qəğəz çiləge

school - məktəp

travel

səyəxət

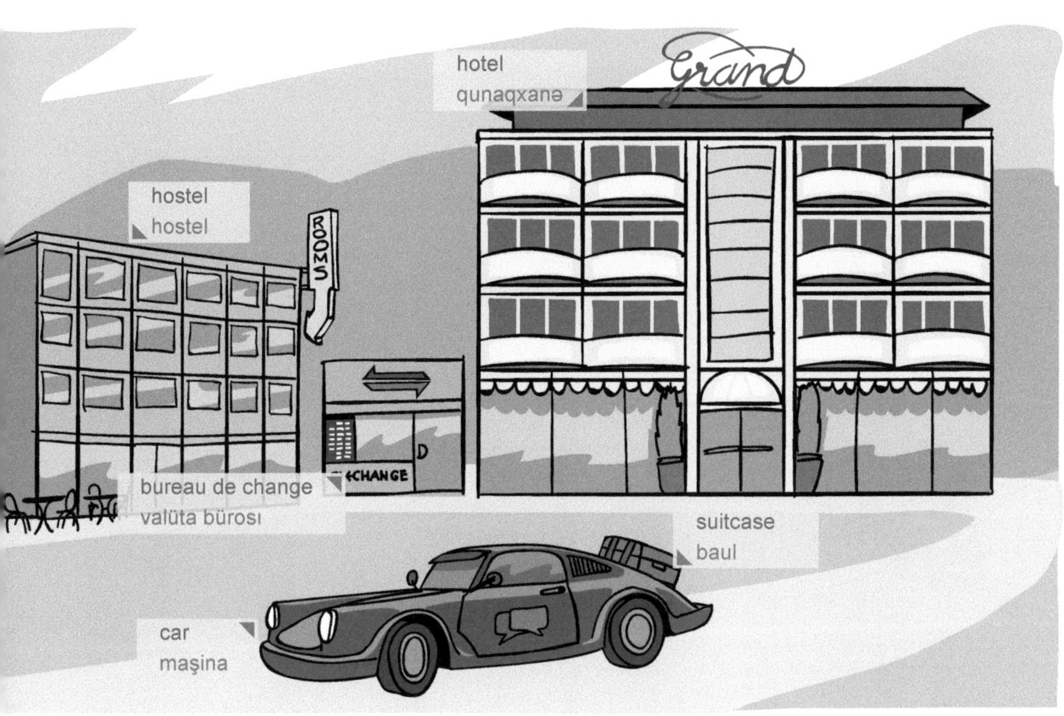

hotel
qunaqxanə

hostel
hostel

bureau de change
valūta bürosı

suitcase
baul

car
maşina

language
tel

yes / no
əye / yuq

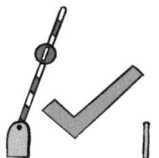

Okay
yarar

hello
isənmesez

translator
tərceməçe

Thank you
Rəxmət

travel - səyəxət

how much is...?

... küpme tora?

I do not understand

min añlamıym

problem

problem

Good evening!

Xəyerle kiç!

Good morning!

Xəyerle irtə!

Good night!

Tınıç yoqı!

bye bye

saw bulığız

direction

yünəleş

luggage

bagaj

bag

buqça

backpack

biştər

guest

qunaq

room

bülmə

sleeping bag

yoqı qapçığı

tent

çatır

travel - səyəxət

tourist information

turist məğlüməte

beach

qomsal

credit card

kredit kərte

breakfast

irtənge aş

lunch

töşlek

dinner

kiçke aş

ticket

bilet

lift

lift

stamp

marka

border

çik

customs

tamğaxanə

embassy

ilçelek

visa

viza

passport

pasport

travel - səyəxət

transport
transport

aeroplane
oçqıç

ship
kərap

fire engine
yanğın maşınası

truck
töyər

bus
awtobus

motorboat
motorlı köymə

bike
səpid

car
maşina

ferry
boram

boat
köymə

motorbike
motosiklət

police car
polisə maşınası

racing car
uzış maşınası

rental car
kiralıq maşına

car sharing
karşering

breakdown truck
tartuçı

refuse truck
çüp töyəre

motor
motor

fuel
yağulıq

petrol station
benzinlek

traffic sign
trafik bilgese

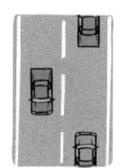

traffic
xərəkət

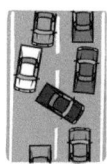

traffic jam
böke

car park
parking

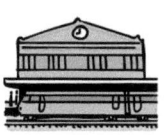

train station
stansa

tracks
rəy

train
trən

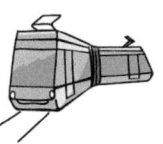

tram
tramway

carriage
vagon

transport - transport

helicopter
boralaq

airport
hawa alanı

tower
manara

passenger
yulçı

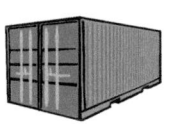
container
konteyner

carton
alap

cart
yök arbası

basket
səbət

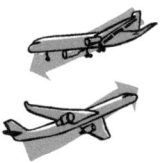
take off / land
qalqu / töşü

city
şəhər

village
awıl

city centre
şəhər üzəge

house
yort

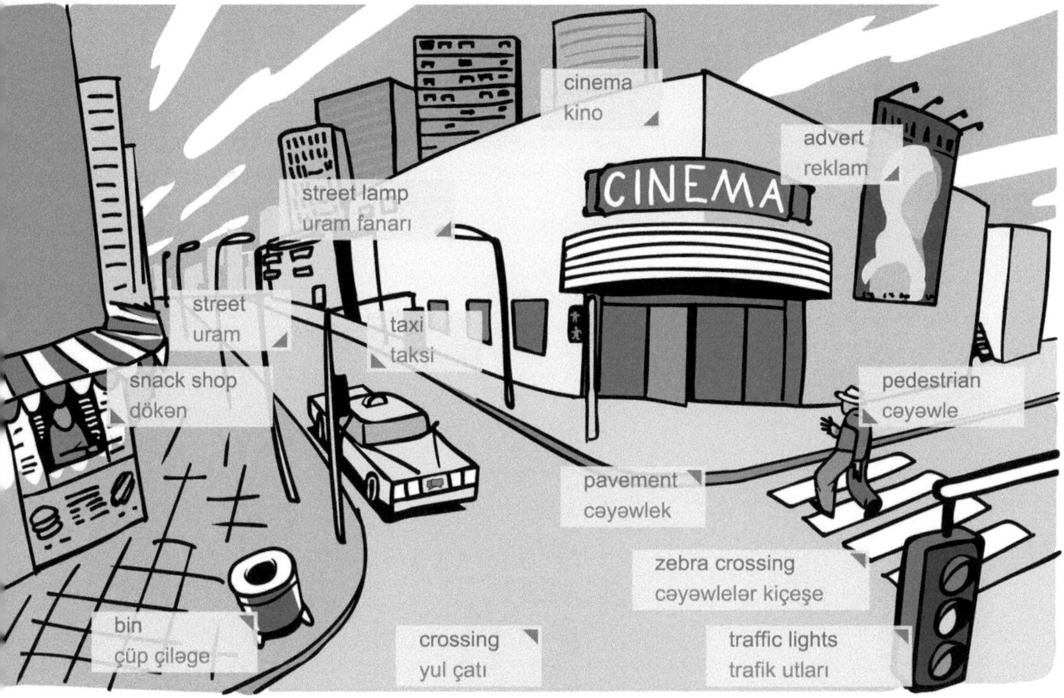

hut
alaçıq

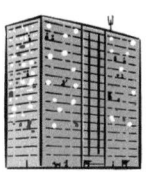
flat
fatir

train station
stansa

town hall
şəhər xakimiyəte

museum
yədkərxanə

school
məktəp

city - şəhər

university

universitə

bank

bank

hospital

xastaxanə

hotel

qunaqxanə

pharmacy

daruxanə

office

ofis

book shop

kitap kibete

shop

kibet

florist's

çəçək kibete

supermarket

supermarket

market

bazar

department store

zur kibet

fishmonger's

balıq kibete

shopping centre

səwdə üzəge

harbour

liman

city - şəhər

park
park

bench
eskəmiyə

bridge
küper

stairs
basqıç

underground
metro

tunnel
tunnel

bus stop
awtobus tuqtalışı

bar
bar

restaurant
restoran

postbox
yamıl tartması

street sign
uram bilgese

parking meter
parking sanağıçı

zoo
xaywan baqçası

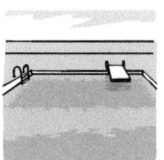
swimming pool
xəwezxanə

mosque
məçet

city - şəhər

farm	pollution	graveyard
çeftlek	kerlelek	zirat

church	playground	temple
çirkəw	uyın alanı	ğibädätxanä

landscape
tirə-yün

- leaf — yafraq
- signpost — yul kürsətkeçe
- way — yul
- meadow — bolın
- stone — taş
- hiker — yöreşce
- tree — ağaç
- river — yılğa
- grass — ülən
- flower — çəçek

landscape - tirə-yün

valley
üzən

hill
qalqulıq

lake
kül

forest
urman

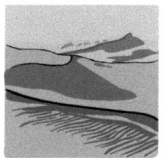
desert
çül

volcano
yanartaw

castle
nığıtma

rainbow
salawat küpere

mushroom
gömbə

palm tree
palma

mosquito
çerki

fly
çeben

ant
qırmısqa

bee
bal qortı

spider
ürməküç

landscape - tirə-yün

beetle
qoñğız

frog
baqa

squirrel
tiyen

hedgehog
kerpe

hare
quyan

owl
yabalaq

bird
qoş

swan
aqqoş

boar
qaban duñğızı

deer
bolan

moose
poşıy

dam
tuan

wind turbine
cir turbini

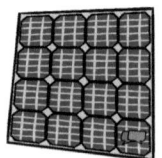

solar panel
qoyaş panele

climate
iqlim

landscape - tirə-yün

restaurant
restoran

- waiter / tabınçı
- menu / saylaq
- chair / urındıq
- soup / aş
- pizza / pitsa
- cutlery / çəneçke-pıçaq taqımı
- tablecloth / aşyawlıq

starter
qabımlıq

main course
töp aşamlıq

dessert
tatlı

drinks
eçemlekler

food
azıq

bottle
şeşə

restaurant - restoran

fast food
fastfud

street food
uram rizığı

teapot
çəygün

sugar bowl
şikər sawıtı

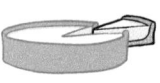
portion
salım

espresso machine
espresso maşını

high chair
biyek urındıq

bill
xisap

tray
töger

knife
pıçaq

fork
çəneçke

spoon
qaşıq

teaspoon
çəy qaşığı

serviette
tastımal

glass
tustağan

restaurant - restoran

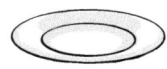
plate
tabaq

soup plate
aş tabağı

saucer
cəypək

sauce
sous

salt pot
toz sawıtı

pepper mill
borıç tegermənə

vinegar
serkə

oil
sıyıq may

spices
təmlətkeç

ketchup
ketçup

mustard
xərdəl

mayonnaise
mayonez

restaurant - restoran

supermarket

supermarket

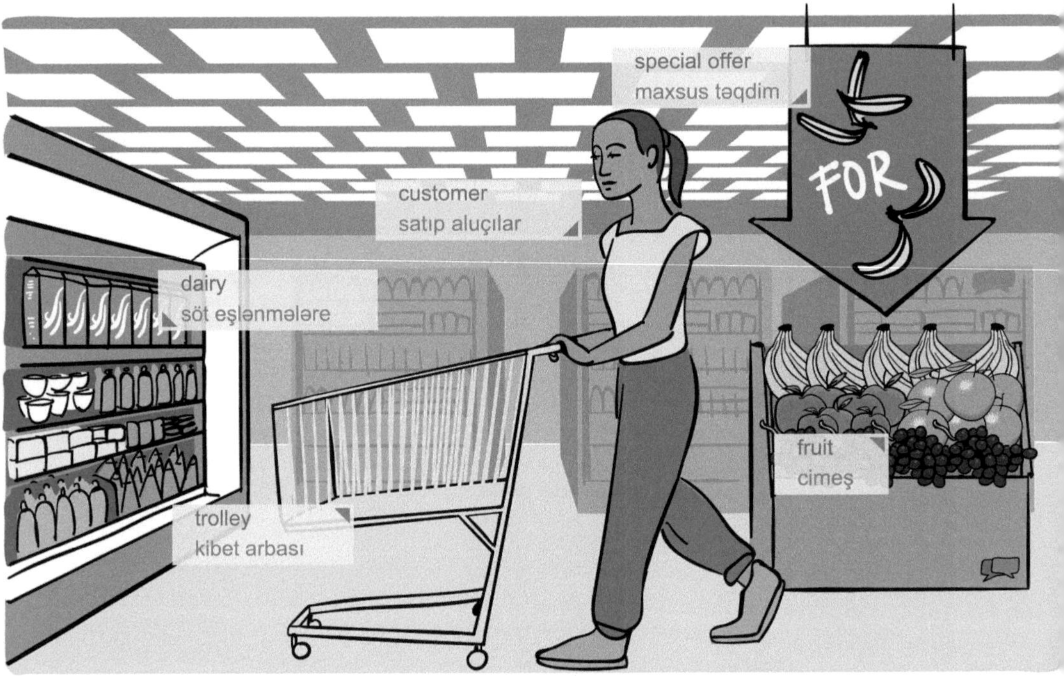

special offer
maxsus təqdim
FOR
customer
satıp aluçılar
dairy
söt eşlənmələre
fruit
cimeş
trolley
kibet arbası

BUTCHERS

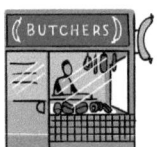

butcher´s

it kibete

BAKERY

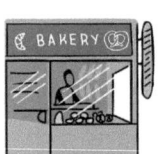

baker´s

ikməkxanə

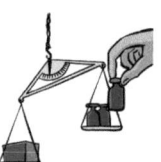

weigh

ülçəw

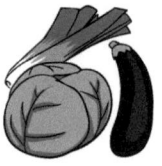

vegetables

yəşelçə

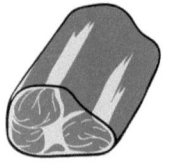

meat

it

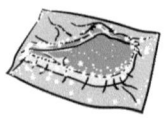

frozen food

tuñdırılğan aşamlıqlar

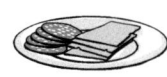
cold meat
suıq it

tinned food
kənsirləngən aşamlıq

washing powder
ker tuzı

sweets
şikərlmələr

household products
öy eşlənmələre

cleaning products
təmizlek eşlənmələre

salesperson
satuçı

till
yazuçı kassa

cashier
kassir

shopping list
satıp alu isemlege

opening hours
eş waqıtı

wallet
qalta

credit card
kredit kərte

bag
buqça

plastic bag
plastik qapçıq

supermarket - supermarket

drinks
eçemleklər

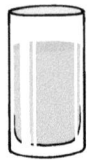
water
su

juice
sut

milk
söt

coke
kola

wine
şərəb

beer
sıra

alcohol
xəmer

cocoa
kakao

tea
çəy

coffee
qəhwə

espresso
espresso

cappuccino
kapuçino

food
azıq

banana
banan

apple
alma

orange
əflisun

melon
qarbız

lemon
limon

carrot
kişer

garlic
sarımsaq

bamboo
bambu

onion
suğan

mushroom
gömbə

nuts
çikləweklər

noodles
toqmaç

spaghetti	rice	salad
spagetti	döge	salat

chips	fried potatoes	pizza
çips	qızdırılğan bərəñge	pitsa

hamburger	sandwich	cutlet
hamburger	sandwiç	kətlit

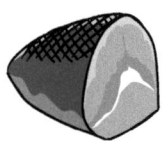

ham	salami	sausage
ветчина	salami	sosis

chicken	roast	fish
tawıq ite	qızdırma	balıq

porridge oats
solı izməse

muesli
müsli

cornflakes
məkkəy keterdege

flour
on

croissant
kruassan

bread roll
ipi tügərəge

bread
ikmək

toast
tost

biscuits
kətərməç

butter
may

curd
eremçek

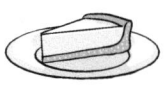
cake
kəyk

egg
yomırqa

fried egg
təbə

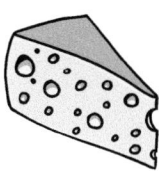
cheese
pəynir

food - azıq

ice cream	sugar	honey
tuñdırma	şikər	bal

jam	chocolate spread	curry
qaynatma	şokolad izməse	karri

farm
çeftlek

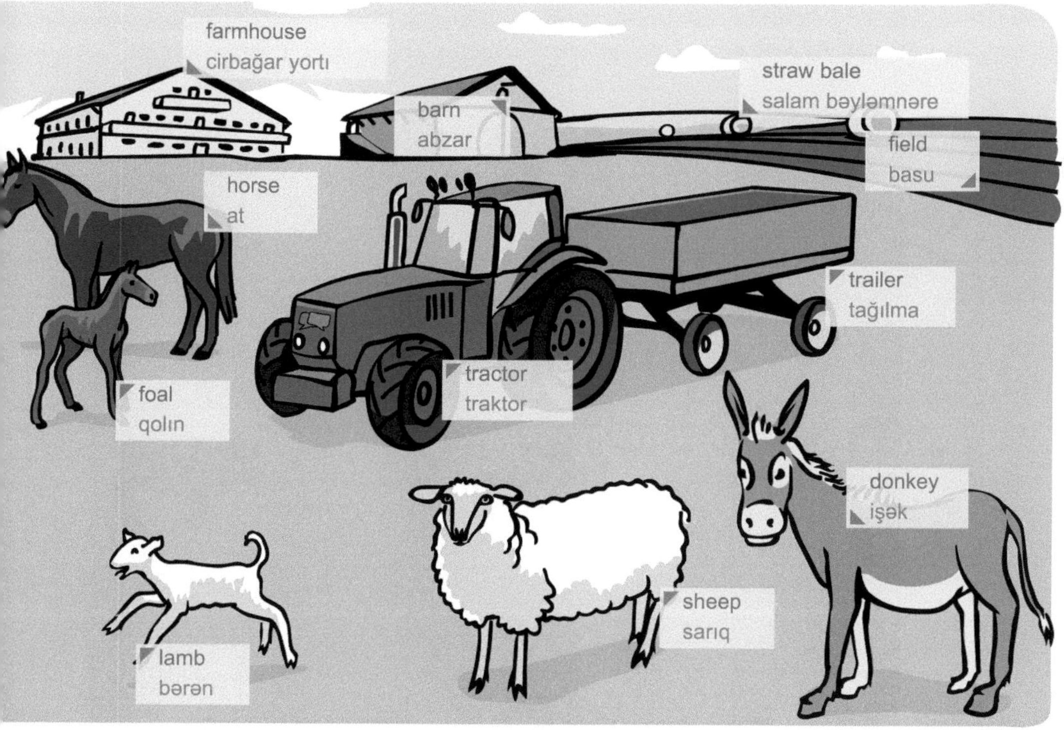

- farmhouse — cirbağar yortı
- barn — abzar
- straw bale — salam bəyləmnəre
- field — basu
- horse — at
- trailer — tağılma
- foal — qolın
- tractor — traktor
- donkey — işək
- lamb — bərən
- sheep — sarıq

goat
kəcə

cow
sıyır

calf
bozaw

pig
duñğız

piglet
duñğız balası

bull
ügez

goose
qaz

duck
ürdək

chick
çebi

hen
tawıq

cock
ətəç

rat
küse

cat
pesi

mouse
tıçqan

ox
eş ügeze

dog
et

doghouse
et oyası

garden hose
baqça xortumı

watering can
susipkeç

scythe
çalğı

plough
saban

farm - çeftlek

sickle
uraq

hoe
kitmən

pitchfork
sənək

axe
balta

wheelbarrow
qul arbası

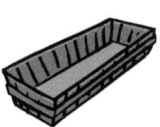
trough
tağaraq

milk can
söt çiləge

sack
qapçıq

fence
qoyma

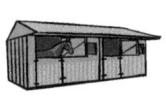
stable
abzar

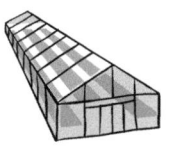
greenhouse
essexanə

soil
tufraq

seed
orlıq

fertilizer
aşlama

combine harvester
kombayn

farm - çeftlek

harvest
uñış cıyarğa

harvest
uñış

yams
yam

wheat
boday

soy
soya

potato
bərəñge

corn
məkkəy

rapeseed
raps

fruit tree
cimeş ağaçı

cassava
manyok

cereals
börtekleler

farm - çeftlek

house
yort

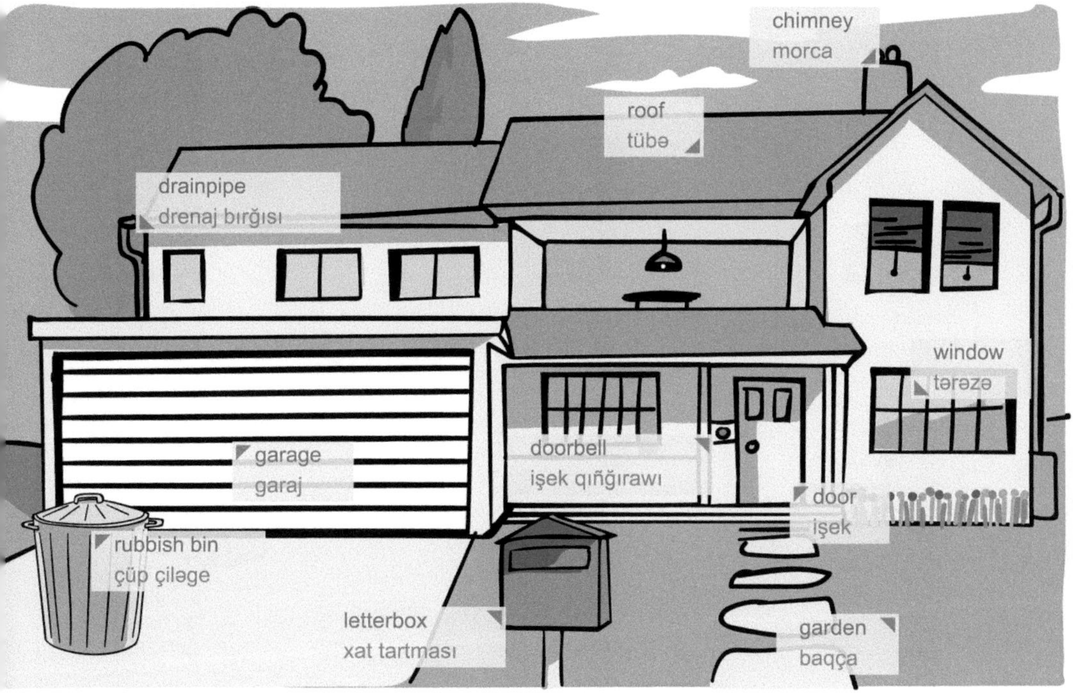

chimney / morca
roof / tübə
drainpipe / drenaj bırğısı
window / tərəzə
garage / garaj
doorbell / işek qınğırawı
door / işek
rubbish bin / çüp çiləge
letterbox / xat tartması
garden / baqça

living room
qunaq bülməse

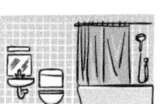

bathroom
yuınu bülməse

kitchen
aş bülməse

bedroom
yataq bülməse

child's room
bala bülməse

dining room
aş bülməse

house - yort

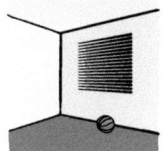
floor
idän

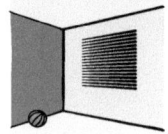
wall
diwar

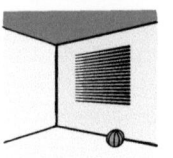
ceiling
tüşəm

cellar
tülə

sauna
sawna

balcony
balkon

terrace
teras

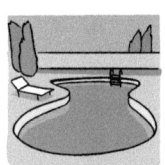
pool
xəwez

lawn mower
çirəmçapqıç

sheet
cəymə

bedspread
yataq yapması

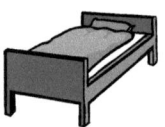
bed
yataq

broom
seberke

bucket
çilək

switch
özgeç

house - yort

living room
qunaq bülməse

- wallpaper / diwar kəğəze
- picture / rəsem
- lamp / lampa
- shelf / kiştə
- cupboard / dulap
- fireplace / çual
- television / televiziyə
- flower / çəçək
- cushion / məndər
- sofa / diwan
- vase / nəlbək
- remote control / yıraqtan boyırma

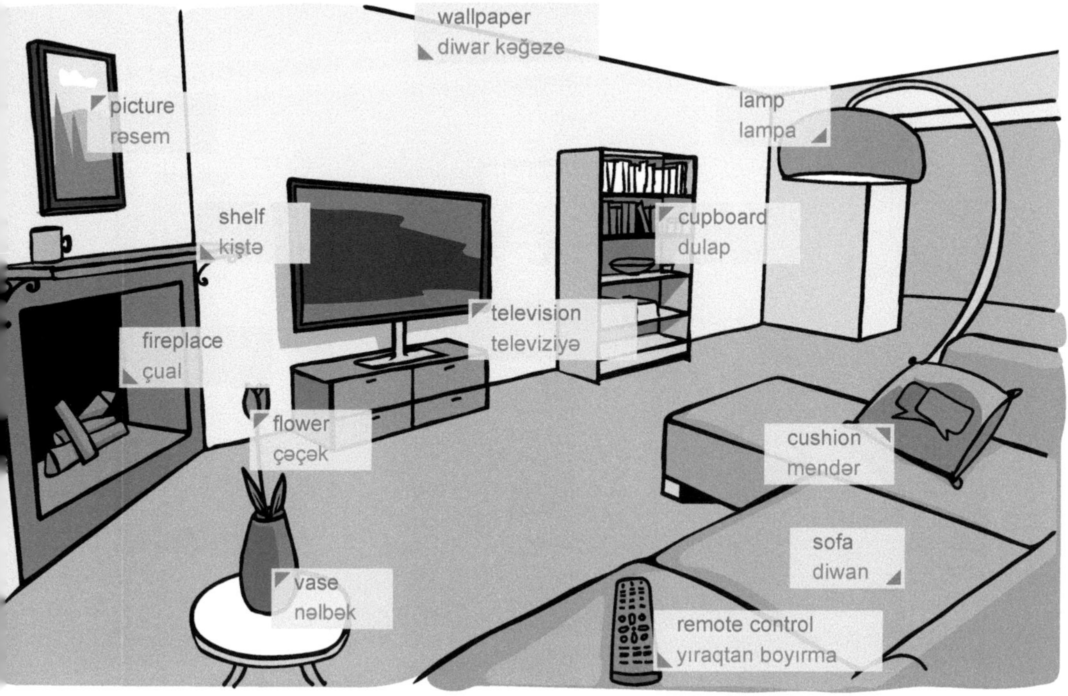

carpet
keləm

curtain
pərdə

table
östəl

chair
urındıq

rocking chair
tirbəlmə urındıq

armchair
kənəfi

living room - qunaq bülməse

book
kitap

blanket
yapma

decoration
dekor

firewood
utın

film
film

hi-fi equipment
hi-fi

key
açqıç

newspaper
gəcit

painting
sürət

poster
poster

radio
radio

notepad
quyın dəftərə

hoover
tuzansuırğıç

cactus
kaktus

candle
şəm

living room - qunaq bülməse

kitchen
aş bülməsə

- fridge / suıtqıç
- microwave oven / mikrodulqınlı miç
- kitchen scales / aşxanə ülçəwe
- toaster / toster
- detergent / yuğıç əyber
- freezer / tuñdırğıç
- oven / miç
- dishwasher / sawıt-saba yuğıç
- rubbish bin / çüp çiləge

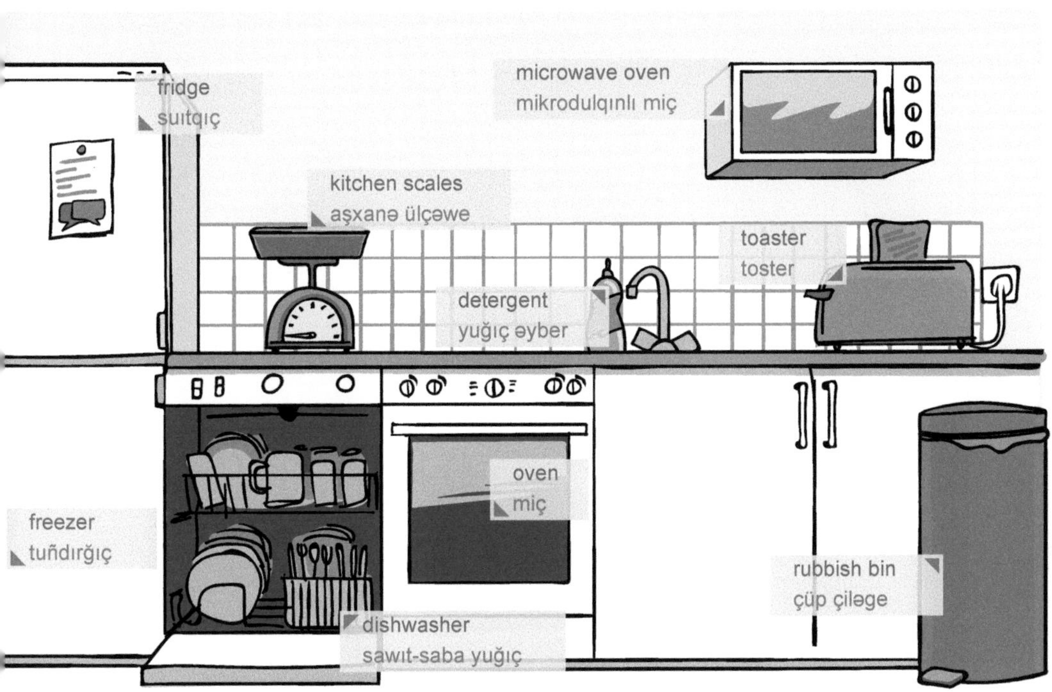

cooker
əwsək

pot
sağan

cast-iron pot
çuyın sağan

wok / kadai
wok

pan
taba

kettle
çəygün

steamer

bulı peşergeç

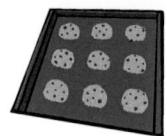

baking tray

qalay

crockery

sawıt-saba

mug

təgəç

bowl

kəsə

chopsticks

aşaw tayaqçıqları

ladle

ucaw

spatula

spatula

whisk

tuğlağıç

strainer

sözgeç

sieve

ilək

grater

qırğıç

mortar

kile

barbecue

barbekü

open fire

açıq uçaq

kitchen - aş bülməse

chopping board
taqta

rolling pin
uqlaw

corkscrew
böke suırğıç

can
metal tartma

can opener
kənsir açqıç

pot holder
miç biyələye

sink
kirşən

brush
fırça

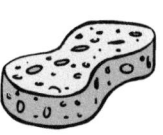

sponge
bolıt

blender
blender

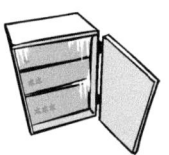

deep freezer
tirən tuñdırğıç

baby bottle
imezlekle şeşə

tap
çömək

kitchen - aş bülməse

bathroom
yuınu bülməse

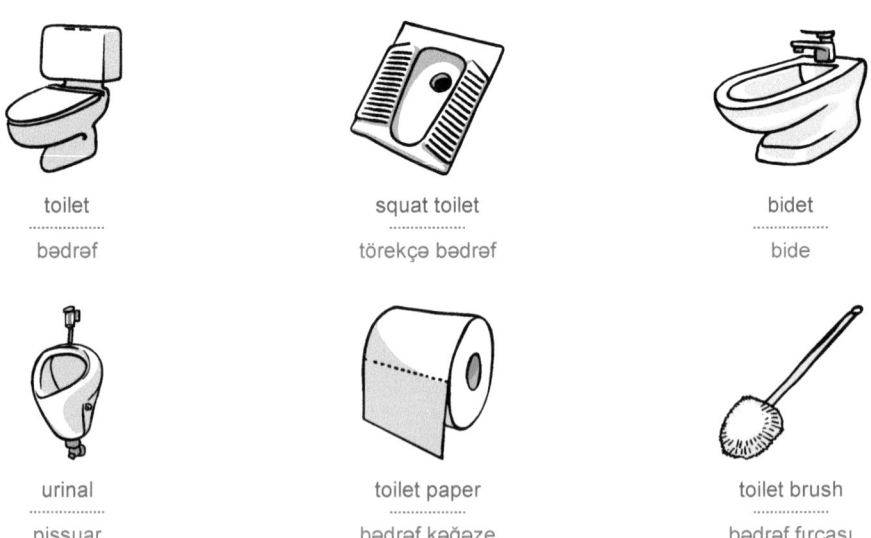

toilet	squat toilet	bidet
bədrəf	törekçə bədrəf	bide
urinal	toilet paper	toilet brush
pissuar	bədrəf kəğəze	bədrəf fırçası

Labels in illustration:
- heating — cılıtu
- shower — duş
- towel — sölge
- shower curtain — duş pərdəse
- bubble bath — kübekle vanna
- bathtub — vanna
- glass — tustağan
- washing machine — ker yuğıç
- tiles — fayans
- tap — çömək
- potty — lazemlek
- sink — kirşen

bathroom - yuınu bülməse

toothbrush
teş fırçası

toothpaste
teş məğcüne

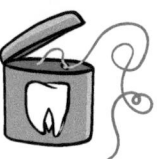
dental floss
teş cebe

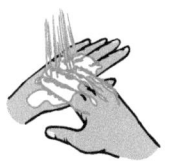
wash
yuarğa

handheld shower
duş başlığı

douche
duş

basin
kirşən

back brush
arqa fırçası

soap
sabın

shower gel
duş señəle

shampoo
şampun

flannel
munçala

drain
ağım

cream
krem

deodorant
dezodorant

bathroom - yuınu bülməse

mirror
közge

hand mirror
qul közgese

razor
östərə

shaving foam
qırınu kübege

aftershave
qırınu losyonı

comb
taraq

brush
fırça

hair dryer
fön

hairspray
çəç sprəye

makeup
makiyaj

lipstick
iren innege

nail varnish
tırnaq cələse

cotton wool
mamıq

nail scissors
tırnaq qayçısı

perfume
xuşbuy

bathroom - yuınu bülməse

washbag	stool	weighing scale
makiyaj buqçası	utırğıç	ülçəw

bathrobe	rubber gloves	tampon
çoba	rezin iləsə	tampon

 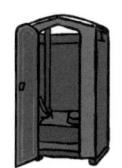

sanitary towel	chemical toilet
higiyenik pəd	kimiyəwi bədrəf

bathroom - yuınu bülməse

child's room
bala bülməse

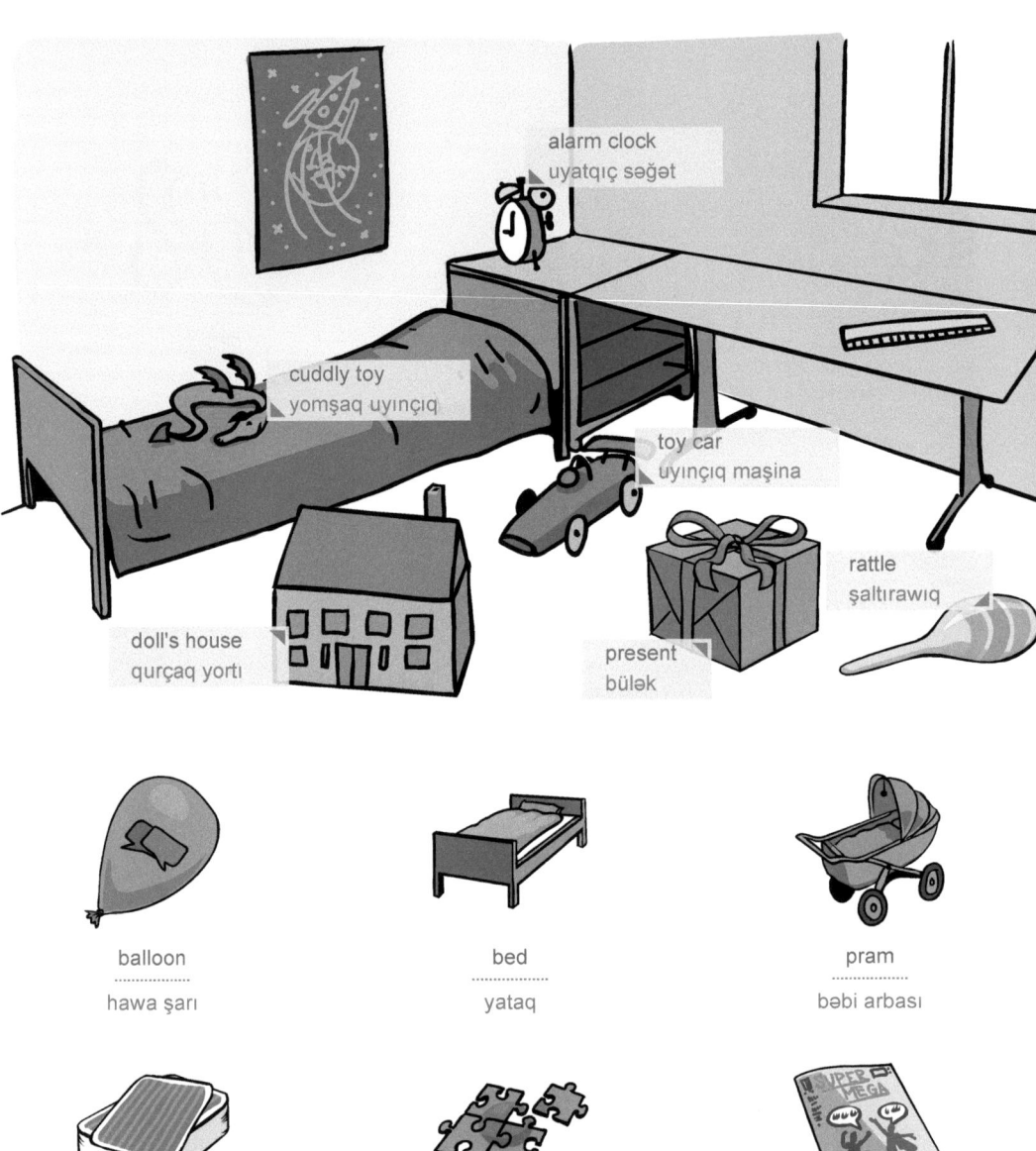

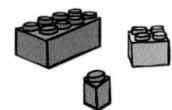
lego bricks
lego kirpeçlərə

building blocks
şaqmaqlar

action figure
uyın sınçığı

babygrow
zıbın

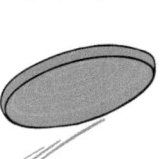
frisbee
frisbi

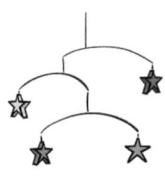
mobile
mobil

board game
östəl uyını

dice
uyın taşı

model train set
trən modelə cıyılması

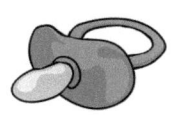
dummy
imezlek

party
kiçə

picture book
rəsemle kitap

ball
tup

doll
qurçaq

play
uynarğa

sandpit

qomlıq

swing

tağan

toys

uyınçıqlar

video game console

uyın quşması

tricycle

öç köpçəkle səpid

teddy bear

uyınçıq ayu

wardrobe

kiyem dulabı

clothing
kiyem

socks

oyıqbaş

stockings

oyıq

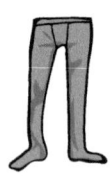

tights

oyığıştan

body
bodi

trousers
çalbar

jeans
jins

skirt
itək

blouse
bluz

shirt
külmək

pullover
sviter

hoodie
hudi

blazer
bleyzer

jacket
jaket

coat
bişmət

raincoat
yaňğırlıq

costume
kəçtüm

dress
külmək

wedding dress
tuy külməge

clothing - kiyem

suit
taqım kiyem

nightgown
tönge külmək

pyjamas
pijama

sari
sari

headscarf
yawlıq

turban
çalma

burqa
burqa

kaftan
çapan

abaya
abaya

swimsuit
qoyınu kiyeme

trunks
yözü tənbanı

shorts
şort

tracksuit
sport kiyeme

apron
alyapqıç

gloves
iləsə

clothing - kiyem

button
töymə

glasses
küzlek

bracelet
beləzek

necklace
muyınsa

ring
baldaq

earring
alqa

cap
kəpəç

coat hanger
elgeç

hat
eşləpə

tie
muyınbaw

zip
zıncır

helmet
oçlam

braces
çalbar asması

school uniform
məktəp forması

uniform
forma

clothing - kiyem

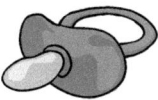

bib	dummy	nappy
balalar kükrəkçəse	imezlek	küzələ

office
ofis

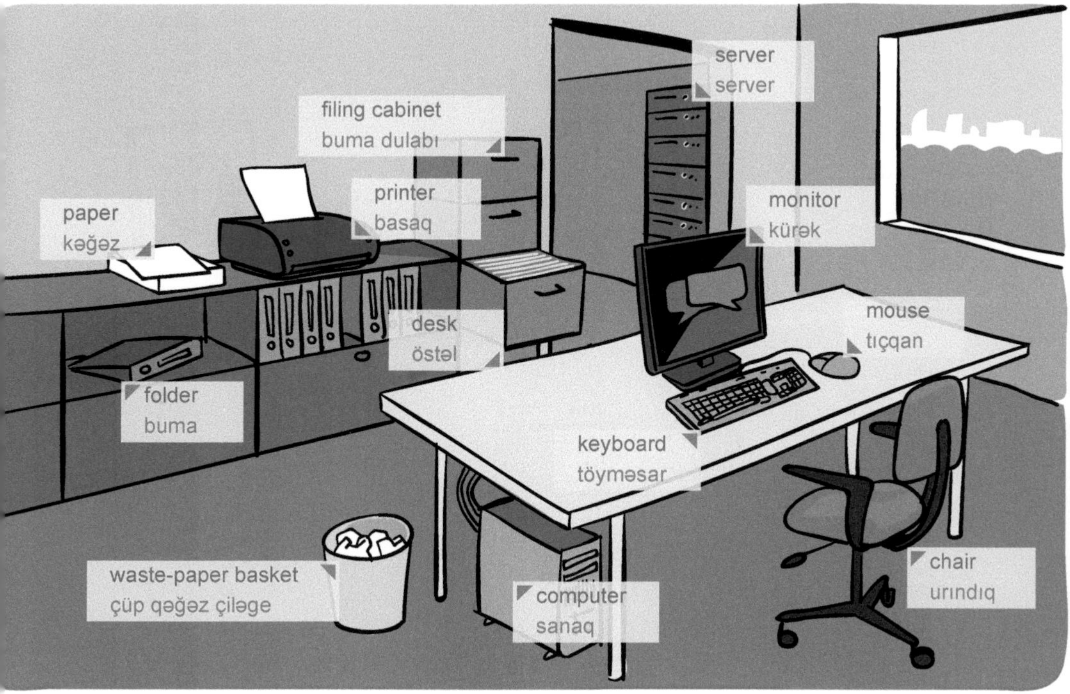

- server / server
- filing cabinet / buma dulabı
- printer / basaq
- monitor / kürək
- paper / kəğəz
- mouse / tıçqan
- desk / östəl
- folder / buma
- keyboard / töyməsar
- waste-paper basket / çüp qəğəz çiləge
- computer / sanaq
- chair / urındıq

coffee mug	calculator	internet
qəhwə təgəçe	sansanar	internet

laptop
ləptop

letter
xat

message
xəbər

mobile
kesə telefonı

network
çeltər

photocopier
fotokopyaçı

software
program təminatı

telephone
telefon

plug socket
ayırğıç

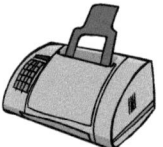
fax machine
faks

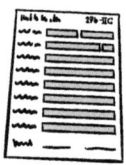
form
form

document
dokument

office - ofis

economy
iqtisad

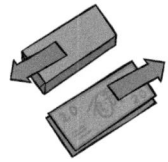
buy
satıp alırğa

pay
tülərgə

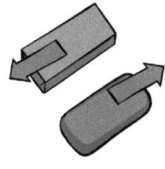
trade
səwdə itərgə

money
aqça

dollar
dollar

euro
euro

yen
yen

rouble
sum

Swiss franc
frank

renminbi yuan
yuan

rupee
rupi

cashpoint
bankomat

bureau de change
valüta bürosı

gold
altın

silver
kömeş

oil
qaramay

energy
energiyə

price
bəyə

contract
kontrakt

tax
salım

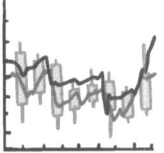
stock
stok

work
eşlərgə

employee
eşçe

employer
eş birüçe

factory
fabrika

shop
kibet

economy - iqtisad

occupations
hönərlər

police officer
polisə xezmətkərə

fireman
yanğın sünderüçe

cook
aşçı

doctor
tabib

pilot
oçuçı

gardener
baqçaçı

carpenter
ağaç ostası

seamstress
tegüçe

judge
xökemçe

chemist
kimiyəçe

actor
aktor

bus driver

awtobus yörtüçe

taxi driver

taksiçe

fisherman

balıqçı

cleaning lady

cıyıştıruçı xatın

roofer

tübə yabuçı

waiter

tabınçı

hunter

awçı

painter

rəssam

baker

ikməkçe

electrician

elektrçı

builder

tözüçe

engineer

möhəndis

butcher

itçe

plumber

çöməkçe

postman

yamılçı

occupations - hönərlər

soldier
ğəskəri

architect
miğmar

cashier
kassir

florist
çəçəkçe

hairdresser
çəçtaraş

conductor
konduktor

mechanic
mekanik

captain
kapitan

dentist
teş tabibı

scientist
ğalim

rabbi
rabbi

imam
imam

monk
kəşiş

clergyman
ruxani

occupations - hönərlər

tools
ələtlər

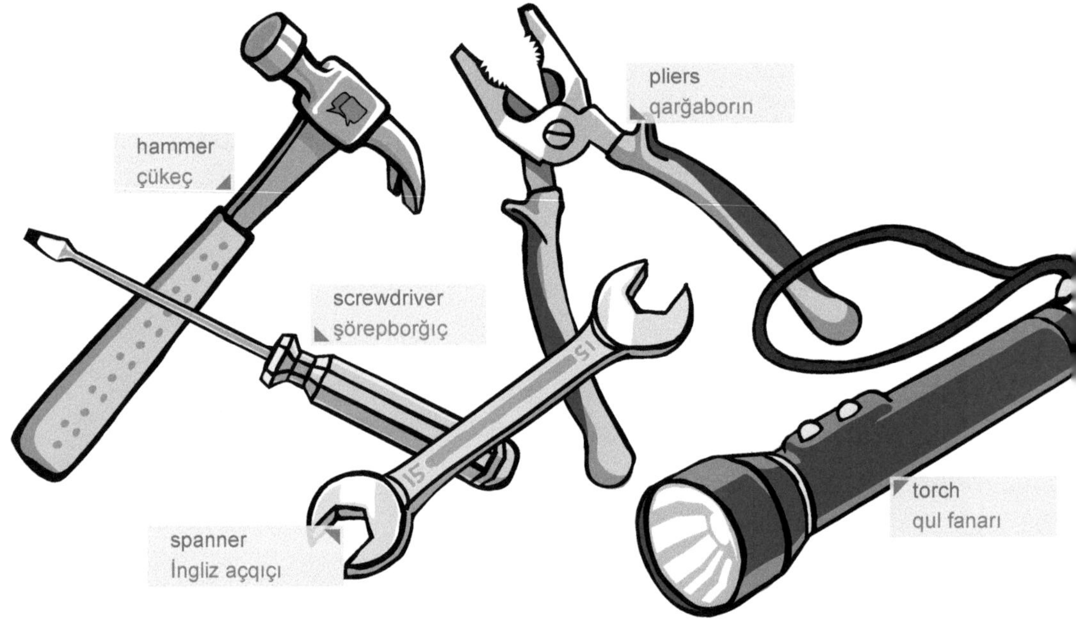

hammer / çükeç

pliers / qarğaborın

screwdriver / şörepborğıç

spanner / İngliz açqıçı

torch / qul fanarı

digger
qazu maşinası

toolbox
ələt buqçası

ladder
basqıç

saw
pıçqı

nails
qadaqlar

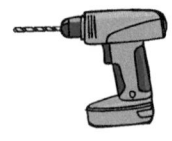

drill
dril

repair
tözətergə

shovel
körək

Damn!
Şaytan alğırı!

dustpan
sosqı

paint pot
buyaw sawıtı

screws
mıqlar

musical instruments
muzıka alətlərе

drum kit
dawılbaz taqımı

loudspeaker
tawış köçəytkeç

guitar
gitar

double bass
kontrabas

trumpet
bırğı

piano
piano

violin
kəmən

bass
bas gitar

timpani
timpani

drums
dawılbaz

keyboard
töyməsar

saxophone
saksofon

flute
flüt

microphone
mikrofon

musical instruments - muzıka alətləre

zoo
xaywan baqçası

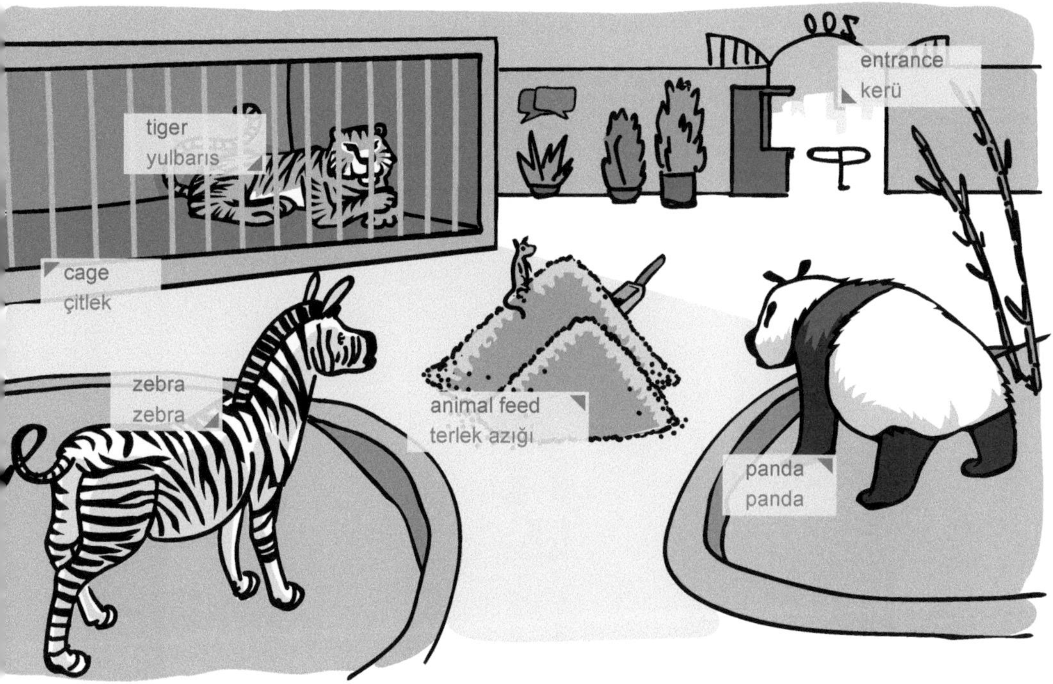

- entrance / kerü
- tiger / yulbarıs
- cage / çitlek
- zebra / zebra
- animal feed / terlek azığı
- panda / panda

animals
xaywannar

elephant
fil

kangaroo
köngerə

rhino
kərkədən

gorilla
gorilla

bear
ayu

camel
döyə

ostrich
təwə qoşı

lion
arıslan

monkey
maymıl

flamingo
flamingo

parrot
tutıy qoş

polar bear
aq ayu

penguin
pingwin

shark
küpek balığı

peacock
tawis

snake
yılan

crocodile
timsax

zookeeper
xaywan baqçası
xezmətkəre

seal
suete

jaguar
yaguar

zoo - xaywan baqçası

pony
poni

leopard
qaplan

hippo
su ayğırı

giraffe
zörəfə

eagle
börket

boar
qaban duñğızı

fish
balıq

turtle
taşbaqa

walrus
morşa

fox
tölke

gazelle
ğəzəl

zoo - xaywan baqçası

sports
sport törləre

activities
itkenleklər

- jump — sikerergə
- laugh — kölərgə
- hug — qoçaqlarğa
- walk — yörergə
- sing — cırlarğa
- dream — xıyallanırğa
- pray — ğibədət qılırğa
- kiss — übərgə

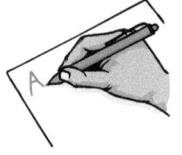

write
yazarğa

draw
rəsem yasarğa

show
kürsətergə

push
etərgə

give
birergə

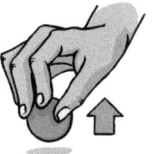

take
alırğa

activities - itkenleklər

have
iyə bulırğa

do
eşlərgə

be
bulırğa

stand
basıp torırğa

run
yögerergə

pull
tartırğa

throw
taşlarğa

fall
yığılırğa

lie
yatarğa

wait
kötərgə

carry
taşırğa

sit
utırırğa

get dressed
kiyenergə

sleep
yoqlarğa

wake up
uyanırğa

look at
qararğa

cry
yılarğa

stroke
sıyparğa

comb
tararğa

talk
söyləşergə

understand
añlarğa

ask
sorarğa

listen
tıñlarğa

drink
eçərgə

eat
aşarğa

tidy up
cıyıştırınırğa

love
söyərgə

cook
peşerergä

drive
sörergə

fly
oçarğa

activities - itkenleklər

sail
diñgezgə açılu

calculate
isəpləw

read
uqırğa

learn
öyrənergə

work
eşlərgə

marry
öylənergə

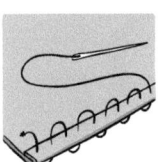

sew
tegərgə

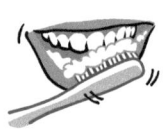

brush teeth
teş fırçalarğa

kill
üterergə

smoke
təməke tartırğa

send
cibərergə

activities - itkenleklər

family
ğailə

grandmother
əbi

grandfather
babay

father
ata

mother
ana

baby
sabıy

daughter
qız

son
ul

guest

qunaq

aunt

apa

uncle

abıy

brother

abıy / ene

sister

apa / señel

body
tən

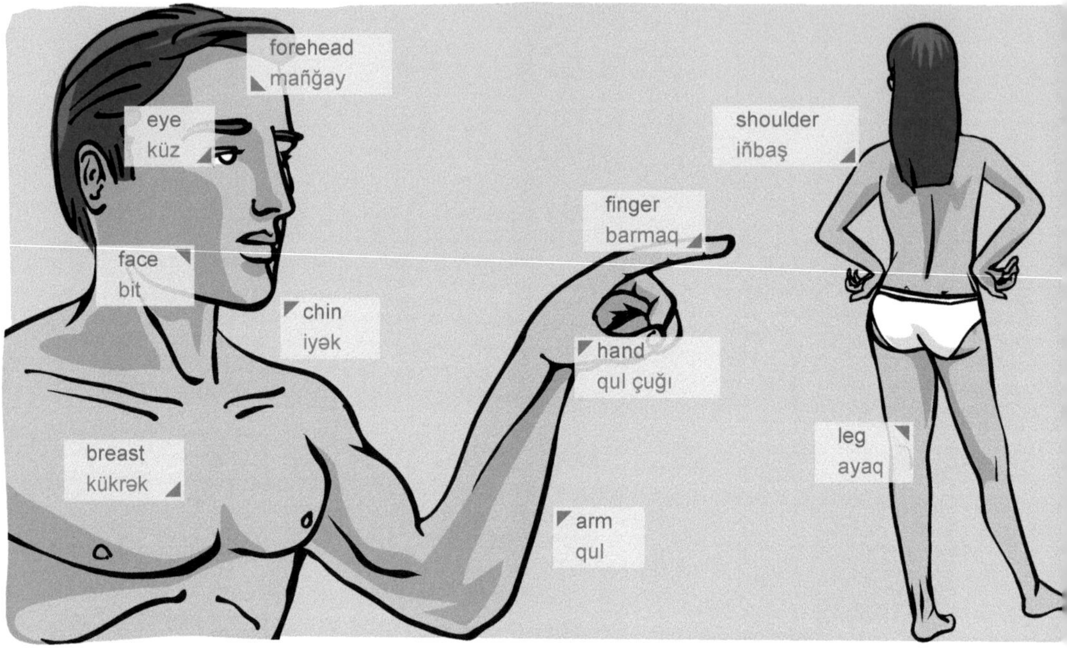

- forehead — mañğay
- eye — küz
- shoulder — iñbaş
- finger — barmaq
- face — bit
- chin — iyək
- hand — qul çuğı
- breast — kükrək
- leg — ayaq
- arm — qul

baby
sabıy

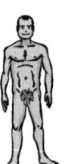

man
ir

woman
xatın

girl
qız

boy
malay

head
baş

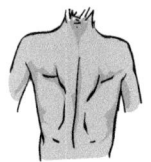

back
arqa

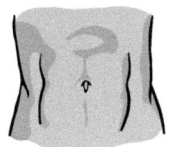

belly
eç

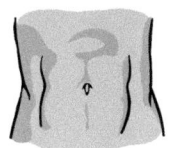

belly button
kendek

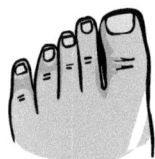

toe
ayaq barmağı

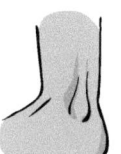

heel
ükçə

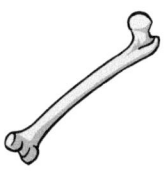

bone
söyək

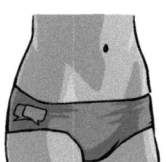

hip
bot

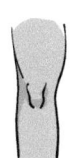

knee
tez

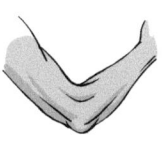

elbow
tersək

nose
borın

bottom
art san

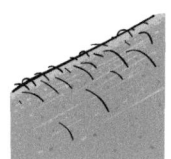

skin
tire

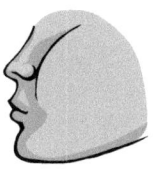

cheek
yañaq

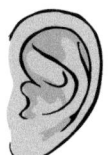

ear
qolaq

lip
iren

body - tən

mouth
awız

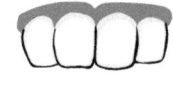
tooth
teş

tongue
tel

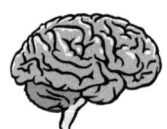
brain
mi

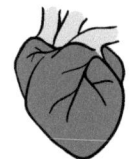
heart
yörək

muscle
ğəzlə

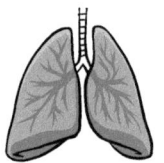
lung
üpkə

liver
bawır

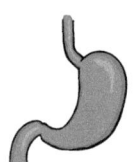
stomach
aşqazanı

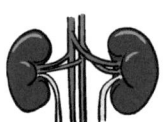
kidneys
böyerlər

sex
seks

condom
prezervativ

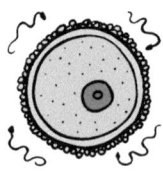
ovum
kükəy küzənək

semen
məni

pregnancy
kömən

body - tən

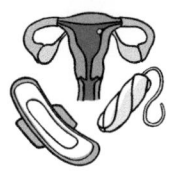 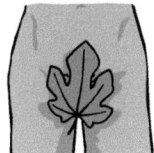 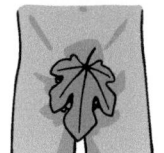

menstruation	vagina	penis
kürem	vagina	penis

  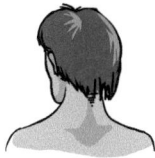

eyebrow	hair	neck
qaş	çəçlər	muyın

body - tən

hospital
xastaxanə

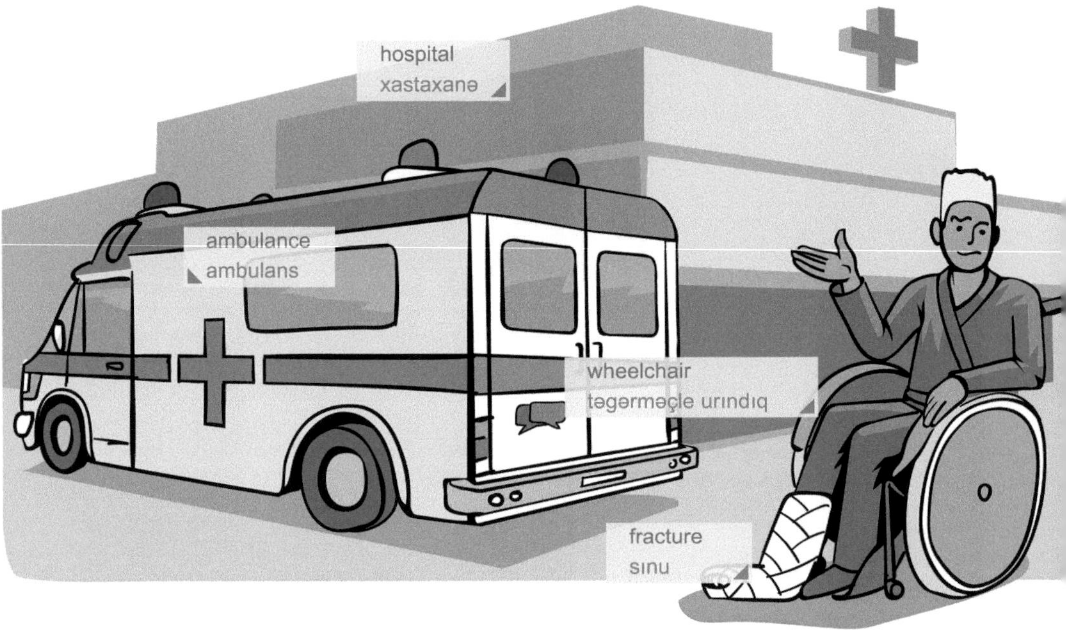

- hospital / xastaxanə
- ambulance / ambulans
- wheelchair / təgərməçle urındıq
- fracture / sınu

doctor
tabib

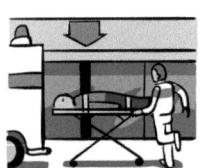

emergency room
aşığıç yərdəm bülməse

nurse
şəfqət tutaşı

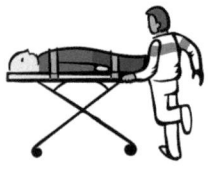

emergency
kiçektergesez xəl

unconscious
añsız

pain
awırtu

hospital - xastaxanə

injury
cərəxətlənü

bleeding
qan ağu

heart attack
infarkt

stroke
insult

allergy
allergiyə

cough
yütəl

fever
qızu

flu
grip

diarrhoea
eç kitü

headache
baş awırtu

cancer
yaman şeş

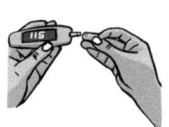

diabetes
diabet

surgeon
xirurg

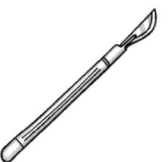

scalpel
skalpel

operation
ğəməliyət

hospital - xastaxanə

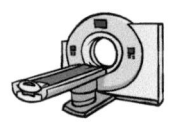

CT
ST

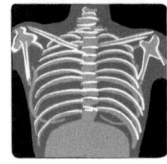

x-ray
röntgen

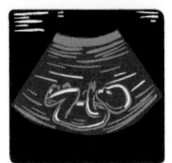

ultrasound
ultratawış

face mask
bitlek

disease
awıru

waiting room
kötü bülməse

crutch
qultıq tayağı

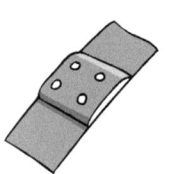

plaster
plaster

bandage
bəyləweç

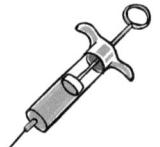

injection
qadaw

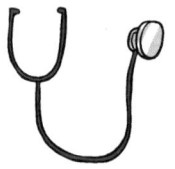

stethoscope
stetoskop

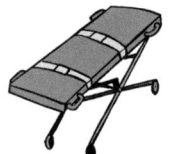

stretcher
sədiyə

clinical thermometer
klinik termometr

birth
tuu

overweight
artıq awırlıq

hospital - xastaxanə

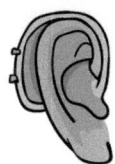
hearing aid
işetü cihazı

disinfectant
dezinfektant

infection
yoğış

virus
virus

HIV / AIDS
KİV / BİDS

medicine
daru

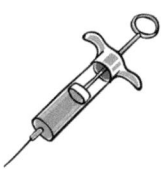
vaccination
vaksinalanu

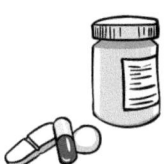
tablets
tabletlər

pill
kontraseptiv tablet

emergency call
aşığıç çaqıru

blood pressure monitor
qan basımı ülçəgeçe

ill / healthy
awıru / sələmət

hospital - xastaxanə

emergency
kiçektergesez xəl

Help! Qotqarığız!	 alarm / xəwef tawışı	 assault / höcüm
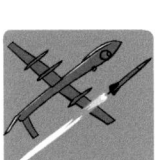 attack / höcüm	 danger / qurqınıç	 emergency exit / aşığıç çığu
Fire! Yanğın!	 fire extinguisher / ut sündergeç	 accident / qaza
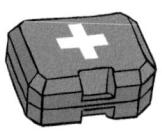 first-aid kit / berençe yərdəm buqçası	 SOS / SOS	 police / polisə

Earth
Cir

Europe
Awrupa

North America
Tönyaq Amerika

South America
Könyaq Amerika

Africa
Afrika

Asia
Asya

Australia
Awstralya

Atlantic
Atlantik okean

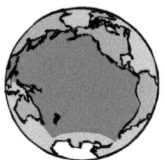
Pacific
Tın okean

Indian Ocean
Hind okeanı

Antarctic Ocean
Antarktik okean

Arctic Ocean
Arktik okean

North Pole
Tönyaq qotıp

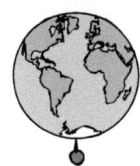
South Pole
Könyaq qotıp

Antarctica
Antarktika

Earth
Cir

land
qorı cir

sea
diñgez

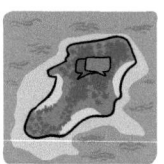
island
utraw

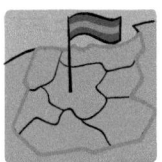
nation
millət

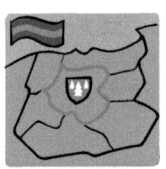
state
dəwlət

clock
səğət

clock face
səğət bite

hour hand
səğət uğı

minute hand
minut uğı

second hand
sekund uğı

What time is it?
Səğət niçə?

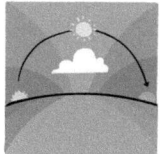

day
kön

time
waqıt

now
xəzer

digital watch
dijital səğət

minute
minut

hour
səğət

clock - səğət

week
atna

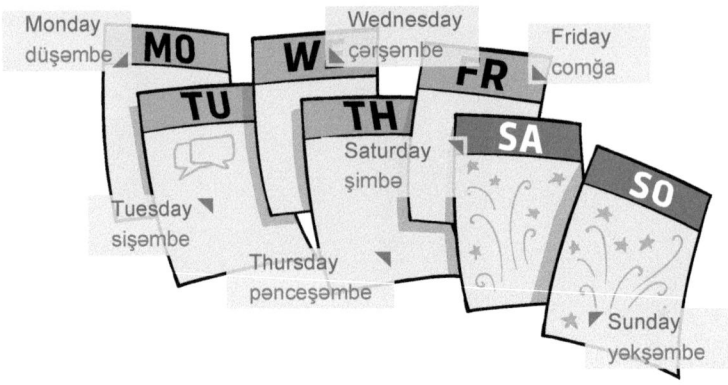

Monday — düşəmbe
Tuesday — sişəmbe
Wednesday — çərşəmbe
Thursday — pəncəşəmbe
Friday — comğa
Saturday — şimbə
Sunday — yekşəmbe

yesterday
kiçə

today
bügen

tomorrow
irtəgə

morning
irtə

noon
töş

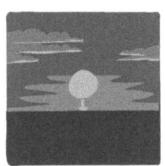

evening
kiç

business days
eş könnəre

weekend
yal könnəre

year

yıl

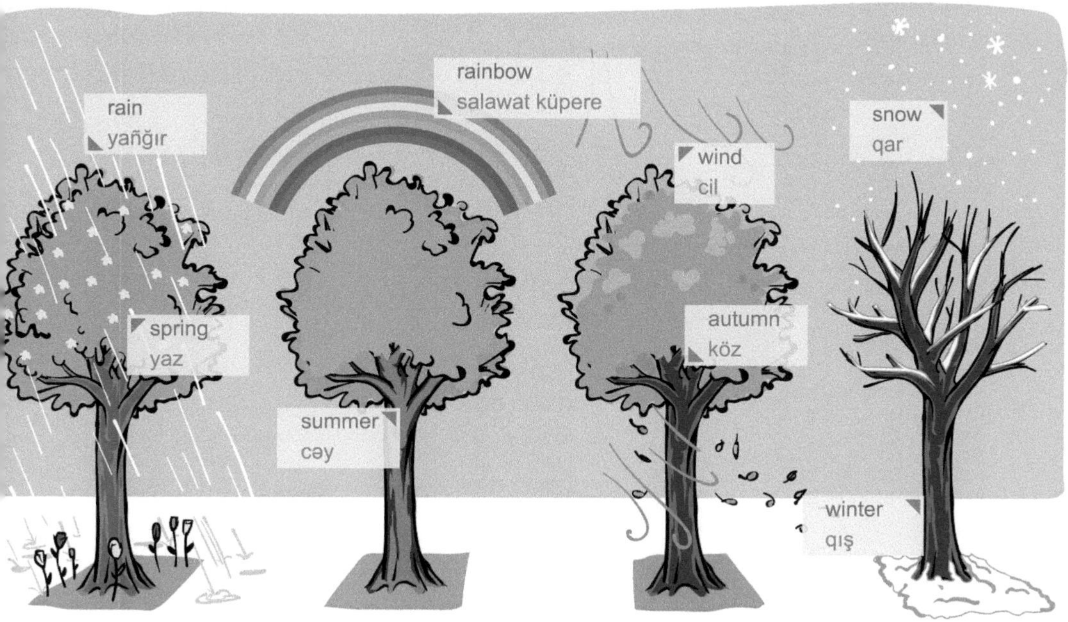

rain
yañğır
rainbow
salawat küpere
wind
cil
snow
qar
spring
yaz
summer
cəy
autumn
köz
winter
qış

4.APRIL 11°
5.APRIL 4°
6.APRIL 13°
7.APRIL 8°
8.APRIL 10°

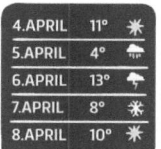

weather forecast

hawa torışı

F C
120 40
90 30
60 20
30 10
0 0
-30 -10
-20

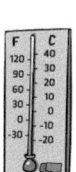

thermometer

termometr

sunshine

qoyaş yaqtısı

cloud

bolıt

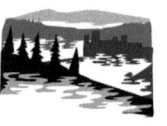

fog

toman

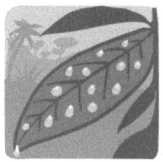

humidity

dımlılıq

lightning
yəşen

thunder
kük kükrəw

storm
dawıl

hail
boz

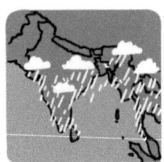

monsoon
musson

flood
su basu

ice
boz

January
Qırlaç

February
Aqman

March
Buşay

April
Yañarış

May
Saban

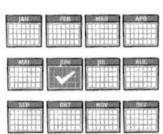

June
Çereşmə

July
Peçən

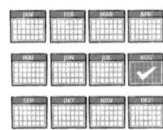

August
Uraq

year - yıl

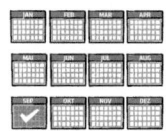
September
Indır

October
Bilek

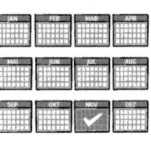
November
Qaraköz

December
Kerəw

shapes
şəkellər

circle
tügərək

square
dürtkel

rectangle
turıpoçmaq

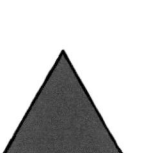
triangle
öçpoçmaq

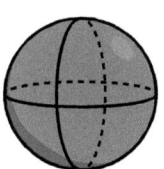
sphere
körrə

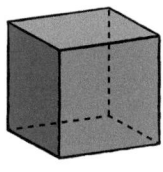
cube
kub

colours
töslər

white
aq

yellow
sarı

orange
qızğılt sarı

pink
al

red
qızıl

purple
şəməxə

blue
zəñgər

green
yəşel

brown
körən

grey
sorı

black
qara

opposites
qapma-qarşılıqlar

a lot / a little
küp / az

angry / calm
usal / tınıç

beautiful / ugly
matur / yəmsez

beginning / end
baş / axır

big / small
zur / keçkenə

bright / dark
yaqtı / qarañğı

brother / sister
abıy, ene / apa, señel

clean / dirty
taza / pıçraq

complete / incomplete
təmam / təmamlanmağan

day / night
kön / tön

dead / alive
üle / tere

wide / narrow
kiñ / tar

edible / inedible

aşarğa yaraqlı / aşarğa yaraqsız

evil / kind

yaman / yaxşı

excited / bored

dulqınlanğan / yalıqqan

fat / thin

yuan / yabıq

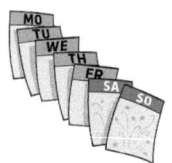

first / last

berençe / soñğı

friend / enemy

dus / doşman

full / empty

tulı / buş

hard / soft

qatı / yomşaq

heavy / light

awır / ciñel

hunger / thirst

açlıq / susaw

ill / healthy

awıru / sələmət

illegal / legal

qanunsız / qanunlı

intelligent / stupid

aqıllı / aqılsız

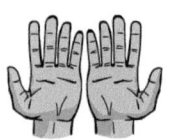

left / right

sul / uñ

near / far

yaqın / yıraq

opposites - qapma-qarşılıqlar

new / used	nothing / something	old / young
yaña / qullanılğan	hiçnərsə / nərsəder	ölkən / yəş

on / off	open / closed	quiet / loud
qabızdırılğan / sünderelgən	açıq / yabıq	tawışsız / göreltele

rich / poor	right / wrong	rough / smooth
bay / yarlı	döres / yalğış	qıtırşı / şoma

sad / happy	short / long	slow / fast
küñelsez / küñelle	qısqa / ozın	aqrın / tiz

wet / dry	warm / cool	war / peace
dımlı / qorı	cılı / salqın	suğış / tınıçlıq

opposites - qapma-qarşılıqlar

numbers
sannar

0 zero — sıfır

1 one — ber

2 two — ike

3 three — öç

4 four — dürt

5 five — biş

6 six — altı

7 seven — cide

8 eight — sigez

9 nine — tuğız

10 ten — un

11 eleven — unber

12 twelve — unike	**13** thirteen — unöç	**14** fourteen — undürt
15 fifteen — unbiş	**16** sixteen — unaltı	**17** seventeen — uncide
18 eighteen — unsigez	**19** nineteen — untuğız	**20** twenty — yegerme
100 hundred — yöz	**1.000** thousand — meñ	**1.000.000** million — million

languages
tellər

English
inglizcə

American English
Amerika inglizcəse

Chinese Mandarin
Mandarin qıtayçası

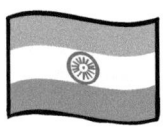
Hindi
hindi

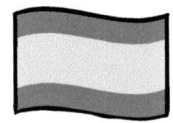
Spanish
İspança

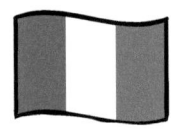
French
Fransızca

Arabic
Ğərəpçə

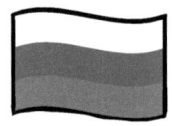
Russian
Rusça

Portuguese
Portugalça

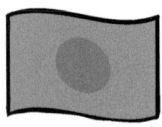
Bengali
Bengali

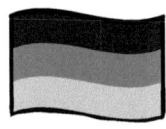
German
Almança

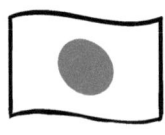
Japanese
Yaponça

who / what / how
kem / nərsə / niçek

I
min

you
sin

he / she / it
ul / ul / ul

we
bez

you
sez

they
alar

who?
kem?

what?
nərsə?

how?
niçek?

where?
qayda?

when?
qayçan?

name
isem

where
qayda

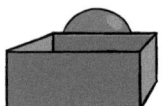

behind
artta

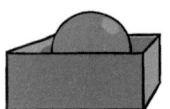

in
eçendə

in front of
aldında

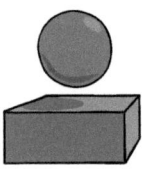

over
östendə

on
östendə

under
astında

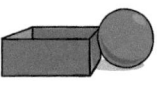

beside
yanında

between
arasında

place
urın